EL PESO
Y LA LEVEDAD

SONÁMBULOS

EDICIONES

EL PESO Y LA LEVEDAD
Colección MACASAR

Primera edición: marzo de 2025

© De los poemas ¬ José María Pérez Zúñiga
© Fotografía de portada ¬ Joaquín Puga
© Diseño de la colección ¬ Daniel Fajardo
© SONÁMBULOS Ediciones

www.sonambulosediciones.com

ISBN: 978-84-129639-5-3
Depósito legal: GR 387-2025

Impreso en España

EL PESO
Y LA LEVEDAD

JOSÉ MARÍA **PÉREZ ZÚÑIGA**

¿Pero es de verdad terrible el peso
y maravillosa la levedad?
Milan Kundera, *La insoportable levedad del ser*.

EL RETRATO DE DORIAN GRAY

Hay alguien peor que tú:
tú mismo cuando imaginas quién eres.

Él conoce la verdad
de una cara o un retrato
pintado con pecados y deseos.

A veces te devuelve
una mirada que no mira,
y otras, algún reproche,
ni siquiera por lo que fuiste
o por lo que pensaste
que ibas a ser.

Quizá sea él quien mejor te conoce
a pesar de tu empeño en lo contrario.

El más valiente de nosotros
está asustado de sí mismo.

DIPSÓMANO

Después de ver la muerte
ahora veo el mar
en la terraza del hotel,
bajo la luna llena.
Y observo a los viajeros
que como yo escaparon
del avión en llamas.
Comen, conversan, sueñan
ignorando que son cadáveres.
Pudo haber sido así.
Doy un sorbo a mi copa
y fumo. Estoy pensando
si no es un privilegio
saber de qué te vas muriendo.

BAR

Ruido de bar: risas y vasos
rotos, una vomitona futura.

Bebo cerveza y miro
a la camarera, única persona
lúcida en el local que late.

Yo no estoy lúcido, la miro
hablar mientras pienso en la vida
de esa camarera conmigo,
solos en este bar.

EL DOBLE

Crecer y amar y trabajar para quien no conozco.
Y, conociéndome, morir tal vez.
¿Cuándo nací?
Me precede un silencio
y otro silencio quedará.
Pero todo sucede
como si alguien me viera siempre.

SUITE

1. *Epigrama*

¿La felicidad consiste en gozar?
No. Más bien en no desear.
Un ser feliz es quien no quiere nada.
Quien se ha sometido a otras personas
antes se sometió a las cosas.

2. *Contemplación*

Ordenar lo que uno observa
–en sí mismo y en lo(s) demás–
y tratar de dar sentido a la vida:
acaso en esto consista escribir.

3. *Deseo*

Desear lo que no se tiene
o lo que, aun teniéndolo, no comprendes
o lo que, aun tocándolo, no sientes
o lo que, aun sintiéndolo, no ves.
Todo lo que se quiere
es todo lo que se teme.
Se vence al deseo cuando se vence al temor.

4. *Cuerpo*

El cuerpo es la prótesis del espíritu
que consumimos siempre antes de tiempo.

5. *Distancias*

El amor, el deseo,
la memoria, el olvido, el sueño...
Son esas cosas tan cortas
de las que si fueran más largas
no querríamos hablar.

6. *Azar*

La carambola es ganar
cuando lo tenías previsto.

EN OTRA PARTE

Viajar no es necesario
cuando puedes ver más allá:
en la ventana se diluyen
tus viajes como sueños.
Formas y deseos inalcanzables.
Miras y te pierdes este momento:
mueres mientras vives en otra parte.

DESEO DE SER PIRATA

Miro la luz sobre la mesa azul,
en el mar que entreteje el pensamiento:
ser alguien a quien no importe morir
por este gran deseo de aventura
tal vez un barco como es esta pluma
donde viajan marineros de todas
las edades que he tenido, ahí van,
dibujando una estela sobre el agua,
las cosas que pudieron ser, soldados,
esqueletos, fantasmas, capitanes,
el primer rey de la Isla del Tesoro
a quien nunca encontré, mis personajes:
viven en el lugar adonde vuelvo
a ver al hombre que soy, aunque habite
en este cuerpo milenario hecho
de estrellas, mil noches a la intemperie
donde a veces también estabas tú.

AVENTURA TEOLÓGICA

Aquellos los marineros del alma
salieron corriendo de la bodega
mientras los piratas, en la cubierta,
mataban y hablaban sobre el infierno.
Ajeno a lo que ocurría en su interior
el barco del cuerpo a todo velamen
navegaba felizmente hacia el cielo
buscando la isla de la belleza.

EN EL DRUIDA CON MARCO AURELIO

Muy pronto serás esqueleto,
y un nombre, o ni siquiera un nombre,
y el nombre es eco y ruido.
Quizá un puñado de cenizas
porque, lo que estimamos en la vida,
son las cosas más vanas y pequeñas.
¿Qué es, pues, lo que te retiene aquí?

Un paseo por la ciudad dormida,
los amigos y quizá una cerveza
fumando un par de cigarrillos
en el bar irlandés de nombre Druida.

JARDÍN

Las abejas entre las flores
son insectos en mi cabeza.
El pensamiento es un jardín
de aguijones y alas.
Personas como avispas
vienen a verme y a pedirme
cosas incomprensibles:
trabajo, amor, salud, dinero,
esos conceptos de los horóscopos
que no tienen sentido aquí.
La vida es un trocito
de pan que echo en el suelo
para los pájaros que anidan
en la realidad de mi cuerpo.

LA PRINCESA DUERME

Puedes dormir feliz,
yo te cuido en tus sueños.
Te acompaño dormido
aunque esté muy despierto,
mirándote con los ojos cerrados,
besándote para que despertemos.

ROPA

Papá no me ha dado un beso hoy.
Yo tampoco se lo di anoche.
Sin un beso mío no duerme bien.
Yo vuelvo a casa cuando oscurece
y él viene a verme algunas noches
en la más completa oscuridad.

No me gusta cómo huele papá
cuando viene a mi cama,
cómo huele su cuello cuando me abraza,
su boca cuando se acerca a decirme
cosas al oído, cuando me besa en la boca.

"Papá es un orangután", dice mamá.
Y tiene razón mamá.
Papá es un orangután que gruñe
y ruge y no controla su fuerza.
Ni siquiera me ha mirado esta tarde
cuando he llegado a casa.

Mamá me ha dado hoy veinte euros,
como si supiese lo qué ocurrió
anoche, o como si quisiese
que me fuera a la calle
para que ella pudiera seguir

discutiendo con papá.
"Cómprate algo de ropa",
me ha dicho, y ya está.

Pues me voy a comprar
una camisa nueva,
y después me iré a pasear
cerca del río
e intentaré no pensar
en papá y en mamá.

En el río no dice nadie nada.
Nadie y Nada pasean por allí
a esas horas de la tarde;
sólo está ese hombre,
el que duerme entre cartones
y sonríe cuando me ve pasar,
mostrando dientes negros
de comer basura.

Entonces él es Nadie y yo soy Nada,
como le dice papá a mamá.
"No eres nadie, no eres nada".

A papá y a mamá los he visto
discutir muchas veces,
y esos días, papá, por la noche,
siempre viene a verme.

La primera vez que papá y mamá discutieron
yo tendría muy pocos años,
no sé, no lo recuerdo bien;
la primera vez que papá vino a verme
yo tenía doce años
y lo recuerdo todo muy bien.

Recuerdo la cara de papá
llorando, recuerdo
que me sorprendía
que llorase papá,
yo no lo había visto llorar nunca,
y que cuando le acariciaba el pelo
como le había visto hacer a mamá
él se pegaba a mí con más fuerza.
Papá jadeaba y yo pensaba
en mamá, que delegaba en mí
su papel de madre.

Mamá y papá. Papá y yo.
Mi familia, que no estará
cuando llegue al río, sola.
Me acercaré a la orilla.
Cerraré los ojos.
Me quitaré la ropa.

TERROR

Cuando los tanques lleguen a tu puerta
acuérdate de esos dictadores
que conociste cuando eras niño,
las cosas que no les dijiste
vuelven ahora como fantasmas
que avanzan sobre ruedas dentadas.
¡Corre! Si no lo haces
volverás a la infancia.

DOBLES PAREJAS

Mi padre juega a las cartas con la muerte
que tiene la cara de mi madre.
"Subo la apuesta", dice ufano
y empuja un montoncito de dinero.
"Yo no voy", contesta mi madre,
"durante nuestra vida ya apostamos bastante".
"¡Las cartas están sobre la mesa!",
exclama mi padre, quejica
como se ha empeñado en ser siempre.
"No sabes morir, no sabes perder",
canturrea mi madre.
Yo, los veo, sentado en la misma mesa.
Los muertos y los vivos
jugamos a visitarnos.
Con la máscara del afecto
discutimos la cuestión familiar
y disfrutamos mintiéndonos.

SIMETRÍA

En proceso de curación
haces esas tonterías de siempre,
esperando al otro que te espera
también, riéndose de ti.

TERAPIA *BEACH*

El místico y el loco
se bañan en el mismo mar:
mientras el loco se ahoga,
el místico nada.
Es lo que piensa el psicoterapeuta
que los observa desde la playa:
bañarse es conocerse,
conocerse es curarse.
Nada hay más refrescante
que nadar en el caos
para llegar a la catarsis.
Ha llegado el momento
de meterse en el agua.

EL PROFE SE DESPIDE

Aunque hoy estemos un poco tristes
recordad lo vivido en estos días,
lo bueno que aprendimos y llevamos:
la amistad, los versos y el amor.
No consiste el éxito en el dinero
o el aplauso de vuestro público,
los premios, las lisonjas de la crítica,
sino en ser dueño del propio tiempo,
poder hacer lo que quieres hacer,
ser cada día lo que quieres ser.
Creced rodeados de gente buena
y dad lo mejor de vosotros mismos
para ser felices, siempre felices.

EXAMEN DE CONCIENCIA

Mientras los estudiantes se examinan
yo hago examen de conciencia.
¿Cuántos aprobarán el ejercicio,
sabrán las preguntas que a mí me hicieron
y yo repito por inercia?
Evaluando nos pasamos la vida,
poniéndonos notas y apercibiéndonos
con las expulsiones disciplinarias.
Si alguna vez las aprobaran todas
sería un gran triunfo.
Se utilizan demasiadas chuletas
y cortas y pegas en este mundo
y muy poca imaginación.

DRÁCULA

"Me arrepiento de haberte traído al mundo".
Me lo dijo mi madre una tarde,
cuando discutíamos sobre la mancha roja
de unas sábanas recién lavadas.
Pensé que, en algunas ocasiones,
la memoria debería ser blanca.
Y que acaso podría haberle dicho:
"Yo he conocido al monstruo que hay en ti".
O también: "Yo he sido todo tu mundo".

LA BUENA MUERTE

La muerte decidió irse de esta casa
y mi padre ya no la espera,
aunque se haya tendido en la cama.
El médico se empeña en drogarle
para que él grite alucinado:
"Yo os maldigo y os desheredo, hijos de puta,
os repudio, no quiero ni que toquéis mis huesos".
Mi padre espera a la Parca,
su amante durante años,
mientras en la cama sigue sintiendo
las piernas que le cortaron.
Mi padre no espera a la muerte
y nosotros sí esperamos la muerte
de nuestro querido padre alucinado.
Y por eso a la muerte rezamos.

ORIGINAL

Se puede uno mirar durante mucho tiempo
hasta no ver los rasgos de sus padres.
El cuerpo es un tablero de instrumentos
y la identidad es un vicio secreto.
La culpabilidad siempre es oscura,
como el pecado original.

CERTEZA

Que cada uno es lo que ve
suena a perogrullada,
que cada uno es su mundo,
que cada cabeza es el mundo.
Pero admitir una perogrullada
le resta credibilidad
a quien la admite,
fe en su mundo, confianza en él.
Es dejar abierta la puerta,
permitir que los huecos del mundo
de los demás se abran en el tuyo.
Se ahondarán estos huecos
en tus cimientos, en las paredes
que te protegen y tú arrastras,
en su más íntima estructura,
hasta derribarlos.
Lo que se convierte en evidente
para todos socava
la verdad de cada uno.

EDUCACIÓN

Le enseñaron que el mundo era un enorme
campo de concentración
donde todos los cuerpos se parecen
y son invisibles las almas.
Deseaba que su cuerpo no fuera
como los demás cuerpos
y, sólo con un gesto,
–la vida brillaba afilada en su mano–
se despidió de la belleza
y de la juventud.

CONFUSIÓN

Fueron pequeños detalles
los que le hicieron comprender
que no había vuelto a casa:
la zona horaria, noticias, la gente
que en realidad no había cambiado,
aunque él se empeñaba en descubrir
nuevas palabras, giros y acentos,
gestos extraños, los malentendidos
al pedir comida y bebida,
los precios del supermercado, la gasolina,
la manera de conducir,
las luces que le cegaban
y ese ruido de hierros triturados,
la presencia ausente de su mujer,
los rasgos que iban deshaciéndose
en su recuerdo, una sombra que fue,
y ese pitido molesto
e intermitente que iba espaciándose
hasta hacerse casi inaudible.
Cerró los ojos para apartar
el mareo y la irrealidad,
el acabar de deshacerse.

MEMORIA

La memoria es un almacén
de dobles destruidos:
cada uno representa una edad,
cada uno atesora
una promesa incumplida.

INDEPENDIENTE

Viajó a un país muy exótico,
despertó en la ciudad de nadie,
donde no le conocían
y podía ser cualquiera.
Pero no había salido de su cuarto,
un detalle que tampoco a nadie le interesa.

REGRESIÓN

El mal humor que te causa el pasado
cuando te dejas atrapar por él.

ABURRIMIENTO

Si un día es como todos
todos son como uno.
La vida no es corta ni larga,
tu conciencia es la identidad.

Esa vida tan galopante
sólo es retrospectiva,
la ilusión de pervivir
mientras bosteza el tiempo.

CRISTINA

Los encantos de la casualidad
marcaron su destino:
un paseo por esa calle,
las caras de la gente,
ese hombre de aspecto triste
que tanto se parecía a su padre.
¿Pensó quizá en noches en vela
cuando lo esperaba junto a su madre?
Lo vio tirado en el suelo, borracho,
el rostro paternal lleno de sangre
y sintió compasión por el mismo hombre.
Así el amor se puso en movimiento
para que ese fantasma tan querido
la llevara al final de su vida.

LA MANO

Cuando me cogiste la mano
comprendí que eras tú el enemigo
que había en mi interior:
el instrumento con que ejecutabas
cada uno de mis deseos.

SECRETO

Escribir sin ser visto
o escribir para no ser visto
no es escribir y desaparecer.
En esto la literatura
se parece a la magia:
lo importante nunca se ve.

PARTITURA

Como una pieza musical
se compone la vida humana.
El ritmo se lo damos con los años,
el sentido con sentimientos
como el amor, nuestro deseo
de que exista una partitura
que alguien esté interpretando
por nosotros, que sólo sabemos
tocar una y otra vez
el mismo torpe movimiento.

HERIDAS

Sólo tienes que quedarte muy quieto,
las cicatrices están bien tapadas,
todo está cubierto y oculto.
Ahora no cierres los ojos.
Te abrazaré sin preguntarte nunca
qué te ocurrió en el pasado.

FELICIDAD

En ese hogar no existe la vergüenza,
la madre anda en ropa interior,
algunas veces sin sujetador,
en los días calurosos desnuda.
El padre bebe y se emborracha,
dispuesto a comerse sus encantos
delante de la hija que los mira.
Pero ellos dicen que son tan felices
que no cambiarán sus costumbres.
No hay intimidad en esta casa
ni en el juego del sexo y el amor,
la alegría será siempre infinita.

PESADILLAS

El monstruo que te daba tanto miedo
está sólo dentro de ti.
Cuando logres desprenderte de él
no te olvides de cerrarle la puerta.

SÍSIFO

Cuando alcanzas la madurez
te das cuenta de algunas cosas
que te han ido quitando los años.
Es el momento de empezar
a morir otra vez.

TÚ

Te has quedado solo en la batalla,
cuando todos habían descreído.

NOSOTROS

Entre el amor y el deseo
buscamos un compromiso,
una amistad erótica
para reivindicar la vida
y la libertad del otro,
para hacernos felices
sin la agresividad del amor.
No queremos ser monstruos
ni del otro ni de nosotros mismos.

PROCESIÓN

Es la larga cola de penitentes
que llevamos dentro.

VERDAD

Sentirse en posesión de la verdad
es un consuelo, recordarte
cada mañana algunas imágenes:
la sinceridad de la muerte,
la perplejidad de la vida
y el sueño de la voluntad.

DEBILIDAD

Estás tan débil que quieres caer
más abajo, ser el hazmerreír
de todos para que ya no te quede
escapatoria y destruir por fin
todo lo que te podría haber pasado.
Ahora sientes el remordimiento
de haber disfrutado de la oscuridad
sin haber sentido jamás el vértigo.

FANTASÍAS

No hay nada que descifrar en los sueños,
no hay que encontrar razones
para explicar lo inexplicable:
una mentira comprensible
o una verdad incomprensible,
el sufrimiento de los días
en sus innumerables variaciones.

El sueño no tiene un mensaje
cifrado, es una actividad estética,
un juego de la imaginación
que representa un valor en sí mismo,
un fantasma de la necesidad.

Te dan miedo los sueños,
tienes miedo a la muerte,
tu vida, desdoblada
en dos mundos que son fotografías
de una sola realidad trucada,
y tu mente es un escenario
para todos tus personajes.
Sólo eres esa discreta sombra
que oye siempre una risa en su interior
o en algún otro lugar a su espalda.

PASOS

Tú quieres escapar del mundo
al que te trajeron tus padres,
del insoportable peso de ser
como te dijeron que eras.
Pero una cosa es el pasado
y otra distinta es el presente,
aunque te atraiga la debilidad
de lo que parecía repugnante,
el vértigo del amor, la oscuridad
cuando te asomas a ti mismo.
La levedad tiene que ver
con afirmar tu vida en cada paso.

INFINITO

El infinito es la oscuridad
que llevamos dentro de nosotros,
el cansancio definitivo.
Descansa, no te esfuerces,
para verlo sólo tienes que cerrar los ojos
y creerte que esa es tu verdad.
¿Qué habrá dentro de cada uno
para que lo guardemos tan celosos?

CUMPLEAÑOS

Resulta algo terrible disfrutar
la euforia de los cumpleaños
que tanto nos alegran
acercándonos a la muerte.

FUNERAL

Es bonito verte en la ceremonia
donde podemos poner fin (por fin)
a nuestros propósitos de enmienda.

RESURRECCIÓN

Y terminó el encantamiento
tan extraño de nacer y envejecer
para morir y renacer
en un nuevo acontecimiento
donde repetir una y otra vez
las miserias y plenitudes
de la que fue y será mi vida.
Esta la historia de mi vida.
Mi vida. Mi vida. Mi vida.
No digas que no fue verdad.
Esta es la historia de mi vida.

ÍNDICE

SONAMBULOS
EDICIONES